JN418185

멀고도 먼 고향

멀고도 먼 고향

성하흠 유고시집

月刊文學 출판부

| 아버지의 책을 펴내며 |

5월 18일…

남들에겐 민주화 항쟁의 날.

하지만 누군가에겐 사랑하는 이를 잃은 날.

작년 5월 18일, 너무나도 평범한 삶을 살았지만 평범하지 않은 삶을 사셨던, 수많은 직업 속에서도 마지막까지 문인이기를 원하셨던 성하흠님…. 저희 아버지께서 작고하신 날입니다.

부끄러워 작품을 내놓지 못한다면서도 작품집 하나 갖기를… 그 자그마한 소망을 끝내 이루지 못하고 귀천하셨습니다.

너무 늦었지만 이제야 못난 자식들이 아버지의 소망을 이루어 드리고자 이 책을 펴냅니다.

아버지!

그 곳에선 제발 아프지 마시고, 맛있는 거 많이 드시면서 웃으며 지내십시오.

이제야 말씀드리지만 아버지 사랑합니다. 사랑합니다….

그리고 보고 싶습니다….

2023년 5월 당신을 그리며

차례

멀고도 먼 고향

고향(故鄕)

내 고향은 전라북도 고창군 해리면 송산리 하송, 토담집을 개조한 한옥 삼 칸 집에 사랑방이 대문을 안고 이층 다락이 있었다. 동구 밖에는 소나무 세 그루가 서 있었고, 할아버지가 손자 자랑으로 나를 업고 오셨다는 정자가 솔바람을 맞으며 서 있었다.

항상 저녁때가 되면 솔향기 그윽한 구름 몇 줄기가 하얗게 굴뚝을 타고 하늘로 이어갔다. 어머니는 늘 부엌에서 일꾼들의 시중에 쉴 틈이 없었고, 농한기에는 베틀에 앉아 명주베니 무명베며 가는 모시베를 짜곤 항상 솜씨가 남다르셨다.

어머니는 칠 남매를 낳아 큰누나와 내 밑 여동생을 눈물로 보내셨다. 항상 근엄하고 교육에 열의가 있던 아버지는, 옷차림이며 음식 맛이 까다로워 항상 어머니가 힘드셨다. 그래도 한 번도 불평 없이 종부(從夫)의 희생을 감수하셨다.

아버지 어머니가 유별난 자식 사랑에 나는 늘 대지주(大地主)의 아들처럼 여유(餘裕)를 누리며 살았다. 우리는 5형제지만 부모만한 자식이 없나보다. 지금도 어머니 아버지 묘가 있는 고향에 가면 그때 누리던 고향 생활이 그리워 항상 눈이 젖어든다.

이제 동구 밖 소나무도 없어지고 딱딱하게 포장된 길만 고무줄처럼 늘어져 있어도, 선운산 배 맨 바위에서 바라보는 그 길은 내 어머니의 가슴처럼 따뜻하게 다가온다.

갈잎

바람이 분다
싸늘한 바람이 스쳐간다
가는 길 멈추고

갈잎이
머뭇머뭇
상처만 남겨놓고
어디론가
그렇게 떠나간다

내 어머니가
가신 것처럼….

새해를 맞으며

엄마, 엄마
이제 나이가 들수록
애띄고 싶습니다

이제 와서
누가 애절한 이 부름을
안아줄 것인가?

늘 아쉽고 그리워지는
내 어머님

그렇게 다 바치신
몸과 마음

엄마! 엄마!
어찌 그것을 이제야
간절히 그리워하고
깨닫게 하십니까?

개구리 소리

장마비가 시원한 바람을 안고
내린다
소리 없이 찾아온 어둠 속에
개구리 요란하게 울어댄다

도심의 한가운데 무논이 있어
개구리 소리 들을 수 있으니
참으로 행복하다

어린 시절 넓은 들녘에서 찾아온
개구리 소리같이
요란하지는 않지만

고향을 찾아온 것처럼
어머니의 품안에 안긴 것처럼
정겹다

고향은,
어머니가 계신 곳이라

항상 그립고
가고 싶어 하는 곳이다

지금쯤
그 고향에도
이,
요란한 개구리 소리 들리겠구나.

형제(兄弟)

나는 형도 아우도 있다
우리 부모님은 늘 자랑스러워하셨다
슬하에 5형제를 두시었다

혈육의 정은 물보다 짙다고 한다
피는 속일 수 없다고 한다

그런데,
부모 끈에 매달릴 때와는 달리
정을 느끼지 못한다

내가 베풀지 못하니
이웃만 못하나보다

인간에겐 정이 생명인가보다

무엇을 주고 받아야 하는 건지?
형제는 생명도 바꿀 수 있다는데

나는 무엇이 그리 허전한지

부모의 품안에서 자랄 때의
형제의 정이 그립다

나는 동생들 눈에 형으로 보이는가?
우리는 서로 마주하면서도 멀리 헤어져 있다

불가에서는 그래도 '없는 것보다
있는 인연이 더 중하다' 하니
헤아릴 길 없다

주어진 인연에 다가설 수 있도록
기도하면서 살아야겠다.

전생의 죄업(罪業)

황소가 여물솥에 코를 불며 섰다
쇠죽솥에 김이 오른다

맛있게 먹는다
즐겁게 반추도 한다

배가 뒤틀려 온다
애달프게 소리를 지른다

아무도 없다

왕눈을 굴리며 원망의 눈빛으로
두리번거린다

하늘이 맴돌고 있다
맹물만 한 통 마셔야 값이 오른다

주인이 생각난다
부릴 땐 소중한 듯 쓰다듬어 주고

바쁘면 고삐로 후려치고
논밭갈이 마치더니
쓸모 없다 버린다

후회롭다
고삐라도 풀고 자연으로 돌아갔더라면
인간의 이중성은 몰랐을 것을

인간의 식탁에는
한이 맺힌 식품이 즐비하다

인간도 죽으면 전생의 죄업으로
다시 태어난다는데….

파도(波濤)

파도야, 후려쳐라
그렇게 밀려오면
애띤 노을 아래
푸른 새싹으로 돋아나고 싶다

파도야, 울며 흩어져 간
그 많은 것들의 따뜻한 가슴처럼
힘차게 후려쳐라

그러면, 내 가슴 빨갛게 물든
피 멍울도
네 몸부림치는 외마디 소리에
잠들 수 있으리라

파도야, 부딪치며 하얀 눈빛으로
흩어져라

그러면,
내 어두운 그림자를 안고

시원하게 부서지리라

파도야, 무서운 몸짓으로
나에게 다가와
나의 가슴을 짓밟아 다오

그러면,
나, 웃으며
너를 안고
이 백사장에서
한없이 굴러보고 싶다.

고마운 마음

무슨 빚이 그리 많은지
지금도 하릴없이 살고 있다

인생은 전생의 빚을 갚기 위해
산다고 한다

빚쟁이들이 몰려올 것만 같다
그래도 지금까지
내 이름을 불러주는 사람들이 있어
고마움으로 살고 있다

악연(惡緣)만은 끊고 가야 한다
무엇으로 덕을 짓고,
어찌 보시해야 할 것인지,
아직도 모르는 채 가고 있다

연줄에 매달린 가냘픈 연처럼
하염없이 높이 솟아
하늘하늘 춤도 추지만

언젠가는 허전한 상처만 남기고
끊어진 줄만 이끌고 가야만 한다

가냘픈 인연(因緣)에 매달려 사는 삶
빚을 갚는 마음으로
모든 악연만은 끊고 가야한다

남은 여생
그렇게 아름답게 살고 싶은
마음을 모아
이웃에게 감사하는 마음으로
간절히 기도해야겠다.

골고다의 교훈

예수그리스도는 부활했다

내 죄를 사하여 주기 위해
골고다의 산정에서 십자가를 메고
처형되었다

죽은 지 삼 일만에 부활했다

인간은 죽으면 누구나 다
껍질을 벗고 정신은 부활한다고
믿는다

믿는 자는 누구나 복되고
영원한 구원을 받는다고
믿는다

종교는 삶의 목적이 아니다

믿는 자는 종교를 버렸을 때

진정한 종교인이 된다고 한다

종교는 인간으로 가는 길이다

천당으로 가기 위해 믿는다면
나는 지옥이 좋다

산다는 것은
무엇을 위해 산다기보다
어떻게 사느냐가
진정 구원의 길이 아닐까!

예수그리스도는
죽은 지 삼 일만에 부활했다.

호질(虎叱)

서울대공원
늘어지게 잠자고 일어난
호랑이

하얀 이빨을 드러내고
하품을 한다

나쁜놈들
나를 가두어놓고
구경거리라고
한입거리도 못되는 것들

권력이 있다고
권력 없는 놈을
마음대로 짓누르고
돈이 있다고
돈이 없는 놈을
비위대로 짓밟으니

권력은 억울한 놈 풀어주고
돈은 없는 놈 구제하는 것이
천륜인데

수입된 원리주의, 강식(强食) 문화가
진리처럼 잠식하니

천륜은 호랑이 담배 먹던
옛 이야기

오늘을 울고 있는 놈
억울한 도둑이란 말인가

도둑이 착한 놈을 꾸짖으니

정의(正義)란,
수단 방법 가리지 않는
승자의 쾌감이란 말인가.

누가 죄인인가

나는 어쩌라고

'죄송합니다 주인 아주머니
마지막 월세와 공과금입니다'

세상 밝은 길로 떠나는
세 모녀

나는 어쩌라고
부디 편히 잠드소서

그 곳은 월세에 시달리지 않고
공과금에 시달리지 않고
지하 단칸방도 없을 것입니다

착하고 착한 그 마음
나만 배불리 먹고
살았구나

돈 없는 것도 죄가 되는 현실
가진 자는 죄인이 아니던가

어찌
죄인을 두고
죄인이라 가시는지요.

쓴맛 단맛

우리 세대는
쓴맛 단맛 다 보고 살았다

세대 차라고 한다
쉰소리 잔소리라고 한다

쓴맛이 뭔데
쓴맛을 맛보지도 않고

어찌
잔소리라고 하는가

나는 내 아버지의
말과 행동이
거울처럼 다가온다

나는 언제
내 아이에게
거울이 될 것인가!

역사는
거울이 되어야지
되풀이 되어서는
안 될 것이다.

길

한여름이 되어서
숲이 무성하다
길은 가시덤불로
구별할 수 없다

일 년에 한두 번 찾아오는 길
낫으로 쳐내며
가지를 베어내며
겨우 길을 찾아간다

그 옛날,
꽃상여 덩실덩실
만가소리 황톳길
슬픔만 남기고 간 길

무성한 가시덤풀
풀숲에 쌓여
찾아가기조차 힘들다

내 아버지 내 손을 잡고
갔던 길
이제 내가 길을 내며 가는
이 길

앞으로
누가 또 이 길을 헤쳐갈 것인가?

풀밭에 쌓여 흔적도 찾기 힘드니
모른 채 돌아서면
잊을 수 있단 말인가?

어찌 이렇게 한만 쌓이는가!
세월은 옛 정도 잊어가나 보다.

가훈(家訓)*

『부모님께 효도하면
자식 또한 효도하느니라』
부모 살아 생전
절실하지 못한 말씀

이제 부모 생전 나이 되어
철이 드나보다

이제
나는 내 아이에게
무슨 말로 이를 건가?

해가 저물어
어둠만 지는데

무덤,
이 어이할 것인가?

삶 생전 못 다한 한

잡풀만 무성하고

나 또한 그 길을 따라가는데
이 어이할 것인가?

속절없이 부모 말씀
이제야 간절하구나.

* 家訓: 子孝雙親樂 孝親子亦孝(자식이 효도하면 양친이 즐겁고 어버이에게 효도하면 자식 또한 효도한다).

소녀의 기도

주여, 이 뜨거운 눈물로
당신께 진심으로
고백하겠습니다

나에게서 모든 것을
다 빼앗아가더라도
사랑만은 남겨 주셔서

나에게는 사랑만이
영원한 행복입니다

이웃과 손을 마주잡고
사랑하며 살 수만 있다면

나는 당신을 영원히
잊지 않을 것입니다

주여! 나에게
당신의

진실한 사랑을 깨우쳐 주셔서

단 하루만이라도
사랑을 알고
사랑하며 살고 싶습니다.

낙엽(落葉)

우린,
이미
만남으로 헤어졌는데

저렇게
붉게 타오르는 노을이
구름 사이로
서성거리는 것은,

또 이렇게
수많은 별들이
하얗게 밝힌 밤을
손짓하는 것은,

하마,
잊었던 그 모든 이야기들을
기다리고 있는 것일까?

우린,

이미
잊어야 할 것들을 잊지 못해
또 이렇게
진홍빛으로 나부끼고 있나보다.

가을의 연가(戀歌)

주고도 준 것이 없는
항상 손짓으로만 만났던
너,

이제 그만 가볍게 눈을 감고
따뜻한 체온으로
그렇게 만나고 싶다

주고도 준 것이 없는
먼 길로 떠난
너,

이제 허공을 젓는
뜨거운 눈물로
그렇게 만나고 싶다

먼 훗날 우린,
가벼운 옷차림으로
애처로운 풀벌레 소리를 들으며

너는 나,
나는 너,

그렇게 영원히 만나고 싶다.

흑인 영가(靈歌)

우리는 모두 위정자의 노예인가?
나는 흑인 영가를 좋아한다

노예들이 족쇄를 끌며
푸른 하늘을 향해 달려간다

억센 채찍에도 웃음으로 막아내는
그들을 나는 좋아한다

그들의 거짓 없는 행동과
그들의 욕심 없는 반항과
그들의 평등한 애정을 나는 좋아한다

그들의 질긴 희생의 참뜻을
나는 나만의 기쁨으로 좋아한다

그들은 운명처럼 저항하며
사심 없는 몸짓으로 자신을 지킨다

그들은 얄팍한 꾀로
영광을 꾀하기보다는
우직하게 족쇄가 풀릴 날을 기다린다

그들은 가난하지만
신이 내린 삶의 축복처럼
감사하는 마음으로 살아간다

그래서 그들에게는 그들만의
진실한 영가가 있다

주여! 인도하소서
탈을 쓴 굿판 사회에서
진실이 무엇인가를…

오늘도
어둠이 다가서는 창가에 서서
나는 흑인 영가를 듣고 있다.

송림산 자락

'너는 시도 때도 없이
퍼주기만 하느냐?'

할머니의 꾸중은
차가운 날씨보다
더 매서웠다

그래도 그 넓은 치마폭은
광 찻독 쌀항아리가 비어도
남의 집 굴뚝에
연기가 머물가 챙기시던
어머니

'몸도 성치 않은데
쌀죽이라도 한번 끓여주소'

오늘은 그 말씀이 마지막으로
스치고 간 날입니다

오늘
정성껏 촛불이라도 밝혀드리고
싶지만
바람이 너무 세차고 차갑습니다

이제 아무것도 못하는
이 자식
돌무덤 앞에 무릎을 꿇고

'지금도 그 곳에서
또 그렇게 퍼나른다' 고
꾸중이나 듣고 계시지나 않는지?

어머니 보고 싶은 내 어머님.

제일(祭日)

오늘은 어머니 제일
뼈를 깎아 자식의 형상을 기워주시고
따뜻한 입김으로 생명을 넣어주신
어머니

이제는 종이 한 장 앞에 두고
울고 싶어도 허전하고 쓸쓸하여
답답하고 민망스럽다

항상 이렇다 저렇다
따뜻하게 손길 한 번 잡아주지 못하고,
부끄럽지 않기를 바랬던 그날,
이렇게 위선적인 삶이었을 줄
어찌 몰랐던가?

오직 나를 위해
생의 전부를 바치시고
아무 것도 주지 못한 것처럼
아쉬움으로 가신 어머니!

이제 그렇게 떠나셨으니
어찌 이제서야 그분의 외로운 삶이
싸늘하게 다가오는지?

외롭다 말 한 마디 못하시고
그 삶이 오직 옳다고 생각하시고
그렇게 살아야만 부모의 도리라고
생각하신 그 굳은 신념
어찌 시대가 다를 수 있겠는가?

말없이 타오르는 신주(神主)를 바라보며
영면(永眠)하시기를 간절한 눈물로 보낸다.

모정(母情)

그래,
이렇게 많은 시간들이
해를 멀리하고 떠난 후에야
그렇게 어렴풋이 마음 속 깊이
뿌리 돋아나고 있구나

그래,
그렇게 왔다가 그렇게 가는 것을…
비바람 치고 어둠 밤길만 되어도
행여 마음 조이시던 그날이

내가 이제 불러봐도
그때 그 목소리는
귀에 담아오지 못하는 것을…

그래,
그때 그 밝은 미소를 멀리서라도
마음으로 느껴보고 싶지만
느껴보지 못하는 것을…

여섯 살 난 내 등에 꾐발로 겨우 딛고
따뜻한 가슴으로 안아주시며
'아이고! 많이 컸구나!' 자랑하시던

이제 나 어찌 해야 할지?
무엇을 어떻게 해야 할지?

창가에 앉아
하릴없이 눈시울만 붉힌다

불러보고 싶어도 또 불러봐도
목메임만 더해 가니,

내 어머니, 사랑하는 내 어머님.

어머니의 비밀

어머니 당신은 몰래 숨겨둔
비밀만 남겨주고 가셨습니다

당신의 그 따뜻한 가슴을
나는 단 한번도 가져보지 못했습니다

당신의 그 포근함도
나는 누구에게도 주어보지 못했습니다

당신이 항상 웃음으로 안아주신
그 너그러움도
이제까지 베풀어보지 못했습니다

나는 당신을 간절히 생각하지만
그 누구도 나를 그렇게 애절하게
그리워할 사람이 없습니다

어머니 당신의 그 고귀한 비밀을
어찌 이제까지 일깨워주지 않으셨는지요?

그 비밀은 누구에게도 가르침으로
줄 수 없는 것이었는지요?

이제 가슴 아프게 불러보고 돌아보지만
이미 때 늦은 줄 알면서도
이렇게 애절하게 갈망하고 있습니다

어머니,
그 따뜻하고도 포근한 그 이름
항상 불러보고 또 이렇게 불러봅니다

어머니 당신은 알 수 없는
비밀만 남겨주고 애통하게 가셨습니다.

백담사(百潭寺) 가는 길

눈보라 흩날리는
절벽 밑을 돌아

전생의 인연 따라
낙엽은 흩어지고

백담(百潭)을 넘고 넘어
초심(初心)으로 돌아온 물위에
노스님의 독경소리가 간절하다

아가는 엄마의 가슴만 어루만지며
지쳐 잠이 들고

빛바랜 하늘은
삶의 번뇌라도 일깨우듯
콧등이 시리도록 차갑게 스친다

하얀 바윗돌만 바라보며
쫓기듯 달려온 나는

수심교(修心橋) 난간에 기대서서
무심히 흐르는 하얀 물소리에

지나온 한(恨)을 담아
이렇게 합장한다.

억새꽃

아무도 기다리지 않는
천관산* 억새

사무치는 몸짓으로
하늘하늘
멀리 손짓만 한다

밤마다 풀벌레소리 가슴 아파하고
낮에는 바람소리, 새소리
하얗게 타오르다가

먼 산 구름 따라 소리치며 달려가면
돌아가는 철새소리
외로움만 더해간다

시간은 흘러,
끊일 듯, 끊어질 듯,
아련하게…
저 멀리서

들리지 않는 목소리로
알 수 없는 몸짓으로
내 어머님 같은 하얀 마음이

그렇게,
간절한 모습으로 서서
쉬지 않고
하늘만 부르며 손짓한다.

* 천관산: 전남 장흥군 관산면 천관산 정상 바다를 향한 억새꽃.

고혼(孤魂)

이제,
저 달마저 지고 나면
또
어둠에 쌓여
홀로 울고 있겠구나

총소리가 골짜기를 핥고 간 후에
쫓기 듯 달려간
어린 시절의 악몽

아무도 죄가 없는데
자신의 비굴을 포장하기 위해
총을 쏘고, 어둠으로 가려
영웅이 된다

초여름 밤
별을 헤다
연꽃잎에 오른 청개구리
누구의 돌에 맞아 쓰러지듯

악은 선을 낳고,
선은 악으로 죽어간다

애처로운 함성이 쫓겨가고
먹구름이 드리우면
벼락불이 하늘을 가르는 날

나는,
아침마다 신문을 보는
위선자의 꿈을 즐긴다.

항구(港口)

엊그제 스쳐간 바람
파란 무늬 되어
가슴 깊이 젖어든다

아쉬움으로
먼 항구에는
눈부신 갈매기의 비상
뚜— 하는 뱃고동 소리

하늘 가장자리 어느 곳에
서성거리는 그림자
그렇게 가고 또 오는 것을

빨갛게 타오르다가 꺼져 가는
영혼만이

두고두고
그런 꿈을 되풀이하며
살아간다

멀리서 밀려오는 파도가
방파제에 부딪히면
짙푸른 소리로
손짓하며 사라지곤 한다

내일은 또 얼마나 간절한 마음들이
밀려올 것인가?

자화상(自畵像)

어설픈 몸짓으로
서성거리지만

하나가 둘로
둘이 하나도 아닌

그 이상도,
그 이하도 될 수 없는
숨길 것도,
밝힐 것도 없는
실개천 따라 잔잔히 흐르는 물소리같이,

찾아도 찾을 수 없고
그려도 만질 수 없는
구름 따라 스쳐 가는 바람소리같이,

나,
이제,
여기,

텅 빈 가슴으로
밤을 앓는
하얀 무지개를 그려본다.

낙조(落照)

만신창이가 된 몸으로
수평선을 향해
붉은 피를 토한다

시간과 공간의 사이에서
관념적인 시선으로
허공을 맴돌다가

일체를 거부하고
일체를 긍정해버린 채
자신의 모습으로 돌아간다

안으로 안으로만
아픔을 달래다가
스스로의 꿈을 모아

어느 호숫가
나무 끝에 매달려

끝내,
촛불이 되어
어둠을 밝힌다.

세모(歲暮)

몹시 바쁜 걸음으로
쉽게 하루가 가고
텅 빈 가슴만 몰래 남아

마지막 홍역을 앓다
꿈에서 깨어난 간난아이처럼
먼동을 보며
의미 없는 소리로 외친다

나로부터 멀리 떠나버린
나에게 따뜻한 체온으로 다가오는
그 모든 것들
이젠 그 의미를 부여할 시간이다

미움과 사랑과 욕망
징검다리를 건너다 물 속에 빠져
하늘을 바라본다

무엇을 찾다가 잃어버린

허전한 마음으로 바라본
빈손

이것만이라도
자기가 되는

꼭 그날이 오기를 기다리며
가벼운 옷차림으로
창문을 연다.

광주(光州)의 오월

비가 내린다, 또 그렇게
비가 내린다

뿌연 포연 속에서도
끝내 자유 민주를 지키다 쓰러진
금남로에 오월 함성의 피가 내린다

동족상잔의 대전차포도
외롭게 가슴으로 막고,
소나기 되어 쏟아지는 철갑탄도
기쁘게 받아 소화하던 그들,

이젠 그 피맺힌 절규도 다 사라진
망월동의 한 작은 잔디밭

누구에게도 미움으로 던진 돌이 아닌데
자기 것으로만 거두려는
비정한 위정자들
향불만 하늘하늘 춤을 춘다

나, 여기,
인간으로 태어나,
인간답게 살다가,
인간답게 죽어

저 푸른 하늘을 향해
뜨거운 한 폭의 깃발로
비바람에도 찢기고 찢겨도 나부끼련다

오늘도 자식의 이름을 부르며
자식처럼 살고 싶은
어머니의 통한이
한없이 그렇게 내린다.

—1980년 5월 18일 망월동에서

가로등(街路燈)

십삼층 아파트 아래로
추락하는 별들을 본다
꿈의 소용돌이 속에 처박혀
거리는 어둠으로 가득하다

모든 인간의 세계가
인조 잔디로 포장되고,
이무기 같은 혼불이
광고탑처럼 현란하다

거리는 온통
생명을 매도하는 피 바랜 얼굴
흡혈귀의 이빨만
검붉게 작렬한다

간절한 마음으로 고해하지만
메시아의 십자가는 멀기만 하고,
싸움에 지친 만용이
어린아이의 웃음소리에

자신을 돌아보지만,

끝내,
가면을 벗지 못하는 아픔으로
병실에는 하나, 둘 불빛이 밝혀진다

오늘도
자신을 잃어버린 군상들은
줄을 잇고 울부짖지만,
현실은 현실 아닌 현실로
이정표 앞에 다가선다

외로운 이 밤,
가로등만이
어둠을 밝혀 아침을 맞는다.

삶과 죽음

죽어도 죽는 것이 아니건만

바다 밑 옥돔이
택배로 직송되듯

서울 중앙병원에서
수취 거절로
전대병원으로 배달되고,

전대병원에서 주소 불명으로
요한병원으로 재배달 되니,

그 몰골이 싫어
끝내 자기를 밝히지 않고 떠났다

누가 인간은
'전생에서 죄를 짓고
육신의 감옥 속에서
속죄하며 산다' 고 했던가?

육신의 탈을 벗고
자유를 찾아간 영혼

죄악의 허물을 벗기가
그리 어려운 것이기에

향불만 하늘하늘
끝없이 사라지니

나,
한 잔의 술로
너와 나와의 인연을 끊으며

이 진실 앞에 머리를 숙인다.

기원(祈願)

추수가 끝난 들판에 서 있는
허수아비처럼 나는 교단을 떠난다

숨이 차오른다
교단을 지키는 동안만이라도
인간답게 살고 싶었다
답답하다
무엇이 그렇게 만들었는가?

부모가 자식을 버린다
자식이 부모를 죽인다
그 자식이 자식을 낳는다
어른들의 추행으로 아이들이 울고 있다

도륙당한 양심이
떳떳하게 포장된다

'아이는 어른을 닮아가며 자란다'
부끄럽다

아이가 잠투정을 하다가 잠이 든다
배냇짓을 한다
귀엽다

병아리 같은 원아들이 두 손을 들고
횡단보도를 건너고 있다

나 이제,
그들의 미래를 위해
두 손을 모아본다

이 밤도 소쩍새 울음소리에
밤은 깊어만 간다.

부처님 오신 날

대자 대비하신 부처님
황금의 영화도 다 버리시고
인간의 생로병사(生老病死)를 깨치시어
자비로운 지혜로
이끌어주신 부처님

당신의 손길에서 벗어난
헐벗은 군상들
가진 자가 황소개구리처럼 포효하고
밤새워 강물을 위협하니,
누군가가 원망의 눈빛만 남긴 채
진수성찬의 제물이 되어갑니다

인간 세상을 제도하시는 부처님
생로병사가 질주하는 거리
앰뷸런스는 꼬리를 물고,
금권력만이 절대 가치로 전락하니,
약한 자만이 울며 지새는
현실입니다,

결자 해지라 했으니
누가 결자이기에
해지할 수 있을까요

대자 대비하신 부처님
자비로움만으로 용서하시기엔
능력을 초월했기에
진실을 밝히지 못하십니까?

이젠,
모든 군상들에게
해탈의 문을 열어
무소유의 진실을 깨닫게 하소서.

이 가을 저물기 전에

이 가을 저물기 전에
나는 이 모든 것과 이별하기를 좋아한다

수없이 애절한 기다림으로
솔베이지의 노래를 즐겨 듣는다

물밀듯 쏟아지는 풀벌레 소리도
지금은 모두 물러가고
내일이란 시간만 시계 바늘을 돌린다

남 모르게 흐르는 눈물
자신도 모르게 감춰둔 이야기

이 가을 저물기 전에
나는 이 모든 것들과 이별하고 싶다

삶은
이별과 기다림의 반복인가보다

오늘의 무거운 어깨
가볍게 내려놓기 위해
주변에 감사해야 한다

이 이별이
더 밝은 내일을 위해
그렇게 기다림으로 가야 한다

이렇게 값지고
행복한 삶을 가져다준 이웃에게
밝은 내일을 주기 위해

나는 이 가을
솔베이지의 노래를 들으며
이 모든 것과 이별하고 싶다.

새해 아침

미래가 온다
행복한 웃음으로
옷을 갈아입고
발걸음도 가볍게
미래가 다가온다

산은 하늘을 닮아 푸르고
강은 흘러 바다가 된다
바다는 새로운 창문을 열고
지금 밝아온다

하늘이 되고,
산이 되고,
강이 되며,
바다에 서면 파도소리에 젖어보는
그런 미래를 그려본다

내 마음 저편 깊은 곳에
나리꽃처럼 잔잔하게 물결치는

행복이 찾아오면

나
해가 뜨면 해와 같이
달이 뜨면 달과 같이
그런 미래를 따뜻한 가슴으로
안아 보고 싶다.

나목(裸木)의 꿈

허공을 어루만지다
손을 들어 흔들어 본다
모두 떠났다

녹슨 시냇물 소리 따라
어느새 하늘이 내려앉고,

가로등만
찢긴 얼굴로 다가선다

산성비가
폭풍을 끌어안고
절망의 쇠붙이 소리로 꼬리를 이으면,

긴 여로에 지친 모습들만
줄을 잇는다

쏘아 놓은 화살에
병든 가슴만 썩어가고

붉게 타다 남은 놀빛 아픔이
내일을 부화하기에 바쁘다

이제 기다려도
아무 것도 없는 거리

차라리
손바닥만한 놀빛에
한줄기 비라도 내려준다면,

그날의 이야기들을 모아
푸른빛으로 돋아나고 싶다.

가을밤

밤이 깊어간다
제법 날씨마저 차갑게 느껴진다

문틈을 헤집고 다니던
귀뚜리
멀리서 가냘프게 울고 있다

날씨가 차가운가,
울음마저 마음 같이 울 수 없어
떠나가고 있는가?

그들은 이 밤,
어느 곳으로 헤매고 있는지 알지 못한다

텅 빈 세월만 엮어가며
밤새 지새는 시냇물소리
곱게 닮아 가는 그 얼굴들

흘러, 흘러

깊은 내 가슴 그 어느 한 언저리
시리도록 그렇게 적셔온다

그렇게 보고 싶던 얼굴들
애처롭게 울며 떠나는
그 소리

덧없는 이 한밤만
더욱 하얗게, 하얗게
잠들며 깊어만 간다.

산사(山寺)의 정경

전생의 죄업인가?
낙엽은 색색으로 떨어져
흩어진다

대숲 사이로 바람이 운다
달은 창호지 사이로 기웃거리고
이리 눕고, 저리 눕다
일어서는 그림자

중생의 아픔으로 다가선다

처마 끝 풍경소리
달빛에 가려 외로운데

할 말을 다 잇지 못한
스님의 간절한 목탁 소리 따라
대숲 사이로 바람소리가 한없이 가냘프다

스님의 가사를 스쳐 가는 낙엽

제행무상(諸行無常)인 듯
이리 저리 흩어져 간다

만물이 다 잠든 이 밤
낙엽소리
점점 멀어만 간다

어디로 가는 것인지
밤은 또 그렇게 깊어만 간다.

—송광사 불일암에서 법정스님과 함께.

감꽃

새벽을 여는 감똑
흰 눈빛으로 지천으로 깔린
아름드리 감나무가 서 있는 뒷뜰

어린시절 선잠을 깨워
눈을 비비며 부잣집 대문 앞에
서성이는 아이들

굳게 잠긴 빗장, 군침이 도는 향기
목구멍이 간질하지만
안타까운 마음만 간절하다

가난한 집에는 감똑도 없다
침이 마른다

아침 일찍 감똑 꿰미를 들고
감똑을 주어 꿰메 달고

말라 빠진 감똑을 한 입 뽑아 먹는 맛

감똑 목걸이를 목에 걸고
자랑스럽고 부럽게 따라 다니는
가난의 멍에

감나무는 부잣집 뒷뜰에만 있었다
감똑도 먹지 못했던 시절

지금은 감똑 주워
꿰메 달고 다니는 아이가 없다

수퍼에 지천으로 깔린 먹거리
색깔도 다양하다

그래도 감꽃처럼
순수한 것은 없다.

종심(從心)

황혼기의 이혼이 늘어가고 있다
시작하는 마음으로
자식을 낳아 길렀다

자식을 사랑하여 잘 기르고
오직 자식에 대한 정성으로
살아왔다

자식은 자식대로 보내고 나니
이제 자유롭고 싶다

부부는 아름다운 삶의 약속에서
시작되었다

종심(從心)
마음 쓰이는 대로 가도
사리에 어긋남이 없다

이제 무엇을 더 절실하게

갖고 싶단 말인가?
이제 무엇을 더 알아야 할
비밀이 있단 말인가?

한 발씩만 물러서면
신혼이 아니던가!

베풀고, 양보하면 아름답다
아름다움은 서로가 주고 싶은 마음이다

어디로 가고 있는지
자신에게 물어보자

해가 저물어간다.

끝없이 내리는 눈

눈이 내리기를 기다렸다
모든 것을 하얗게 덮어버리기를
바랬다

마음이 하얗게 피어나기를
바랬다

60년만에 처음 오는 눈이라
마음껏 맞아보고도 싶었다

그런데
축사며, 하우스며 농작물이
하얗게 무너지고 찢어졌다

내 마음도 하얗게 구멍이 났다
세상 어지럽게 뒤집다가
상처만 남겼다

공기가 차갑게 미치다가

인간의 심장을 뚫는다

감상이 감상으로 끝나는 현실
죄스러운 마음이 앞선다

현실은 감상적인 내 마음을
받아주지 않는다.

목련(木蓮)

밤을 새워 하얗게 핀
목련

시린 가슴을 여미고
소복한 여인의 미간을
흘러내리는 한처럼,

두고두고 떠나야할 슬픔처럼,
그렇게 피었구나

화창한 봄빛이 지면
한 잎 한 잎
떨어지다가

행여 그가 오나
내내 기다리지만

끝내 소식도 없이
살을 스치는 차가운 바람에

하얗게 떠나야할
너의 그 모습에서

나는 헤아릴 수 없는
숭고한 사랑을

밤을 새우며
차마 떨리는 마음으로
이렇게 바라보며
배우고 있다.

봄의 색깔

산에 색깔이 변하고 있다
산이 의미를 드러내고 있다

어제까지 찬바람과
눈보라로 얼어붙었던 가지마다
새로운 의미가 돋아나고 있다

조용하던 산에
새들의 울음소리가
하나 둘 늘어나고 있다

복수초도 눈을 덮고 앉아
환한 웃음으로 이웃 정을 나눈다

어둡던 아침
물안개가 몇 번 스치고 가더니
계절이 푸르게 변한다

모든 생물이 저마다의 의미를 찾아가고 있다

먹고 자고 편히 쉰다고
어찌 살아 있다 하겠는가!

살아 있는 만큼의 의미를 찾아야 한다
봄 안개에 가린 그 너머의
생명의 빛이 벅차게 다가온다

나도 이제 손을 펴고
그 의미를 찾아
봄의 색깔을 맞이해야겠다.

행복(幸福)

오늘은 친구들이 오는 날

고희(古稀)를 맞아 생사를 넘나들 때
너무도 고맙게 아픔을 어루만져준
따뜻한 마음들이다

부부가 함께 하는 가족 같은 모임
아무 것도 보답할 것이 없다

방안을 치운다
거실 창문을 닦는다

그동안 묵은 때가
한결같이 밝아온다
내 마음도 한결 밝아진다

남을 위한 마음이
이렇게 밝고 따뜻한 것인가?

늘 받아온 마음이
오늘은 더없이 흐뭇하다

아무것도 줄 수 없으면서도
이 맑은 유리창처럼
내 마음을 줄 수 있으니
더없이 행복하다.

애드벌룬

아가,
어쩜 애드벌룬처럼
둥둥 떠오르고 싶겠구나

아픈 가슴 어루만지며
소외된 연못가 그림자를 안고
그렇게 떠나버리고 싶겠구나

그곳은 희망과 음악이 흐르고
너도나도 항상 행복한 모습으로
손을 마주잡고
꿈도 현실도 다 같은
시리고 아픈 가슴도
따뜻하게 돋아나는 곳

먹구름 사이로 해가 가려지고
사랑도 거짓으로 장식되는…
내가 너를 믿지 못하고
네가 나를 믿지 못하는

꿈도 아련한 현실 세계…
그래서 이런 곳에서 둥둥 떠서
날아가고 싶겠구나

아가,
얼마나 어두운 밤을 헤맸더냐?
이제라도
네가 원하는 것이 무엇인지 안다면
애드벌룬을 준비해주마

그날은
하늘도 푸르고 먼동이 터오르는
해맑은 바닷빛이
붉게 타오르리라.

동백꽃

동백이 꽃을 피운다
세찬 눈보라가 날린다
속살을 드러낸 채
붉게 입술을 떨며 피어난다

아파트 배란다 한 쪽 끝
힘겹다

세상이 싫은가!
윤기 없이
찬사도 거절하고 떨어진다

잎은 검은 반점으로 변한다
환경도 좋지 않나
잎이 말라 뚝뚝 떨어진다

인간은 자기를 돌아보지 않고
모두 남의 탓으로
위로 받기를 좋아하나보다

다져진 흙을 파고,
걸음을 넣어주고,
진딧물 약도 정성을 다했다

동백의 아픔이
내 아픔으로 다가온다

후회는 자기 기만이다
뉘우치는 마음으로
베란다 문을 열어본다.

모란꽃

모란꽃잎이 흩어지며 대공만 드러냈다
모란이 지면 봄은 간다
날씨는 겨울처럼 차갑다
눈발이 정신없이 휘날린다

계절은 속일 수 없다는데
마음속엔 봄을 느끼지 못한다
내 마음의 봄은 아직 오지 않았나보다

삼년 동안 내 마음과 같이 병든 모란
겨우 금년 들어 한 송이 피었다
대수술 끝에 다시 생명은 연장되었으나
내 마음의 꽃은 아직 피지 않는다

나는 모란을 닮지 못한
내 모습이 아쉽다
자연에 순응하는 그 모습

또 내년 봄에 피어날 화사한 그 모습

그 모란을 그리며

나도 아픈 상처를 기워가야겠다.

삶

아이들이 많이 자랐다
신발의 크기와 모양이 달라졌다

신발값 만큼도 오르지 못한 봉급
아이들은 항상 빈손이 허전하다

요술방망이가 계단도 없이
고층건물로 뛰어오르고
도둑맞은 양심만이 방황한다

운명처럼 받아들인
사랑스런 아이들
눈빛이 스칠 때마다
시선은 딴 곳으로 간다

하루 생활이
내자의 바늘 솜씨만큼이나
촘촘해도

한해의 가계부는
내 키보다 더 자란 붉은 막대기둥

어디로 떠나고 싶지만
차마,

고운 들꽃으로 피어나
어느 수녀원 담장 밑에
조용히 내려앉는
그런 푸른 하늘이 되고 싶다.

아가 잠을 깨자

아가 잠을 깨자
파도가 밀려온다
갈매기도 찾아오는구나

이제 왔다 가면 그 파도소리
언제 다시 들을 것인가?

아가 잠을 깨자
모래사이로 스며드는 노랫소리
너와 어깨를 나란히 하고 듣고 싶구나!

길을 잃고 서성대던 바람이
내 뺨을 스쳐가고
멀리 아스라하게 펄럭이는
고깃배 만선 깃발도
여기 가까이 다가오는구나!

아가 잠을 깨자
너의 마음이면 그대로 좋다

세수 같은 건 오히려
자연스럽지 못하구나

아가
너의 웃는 모습 그대로
다가오너라

우리 모두 이젠
가슴 가까이 밀려오는 바닷바람을 안고
저 배를 맞이해야 한다
아가 잠을 깨자.

단풍

빨갛게 물든 골짜기
바람에 스치는 낙엽소리 따라
딩굴며 빨갛게 물들고 싶다

노랑 은행잎 사이로 흘러가는
파란 하늘을 만지며
실개천 따라 흐르다 멈춰 서 있는
향기에 취해보고 싶다

휘몰아치는 바람에 지천으로 흩어지지만
알 수 없는 손짓만 남기고 떠나버리는 너
모두, 그렇게 또
그리움만 안겨주고 간다

이젠,
다 떠날지라도
가슴 속 깊이 베어든 영혼들!

육첩 공간 가득히 애절하게 타오르는 촛불

정화수 맑은 물에 내려앉는 너의 모습

다하지 못한
어머니의 기도 소리이기에
이 밤도
기다림으로 불태우며 살아가고 싶다.

귀뚜라미

누가 그 소리를 쏟아내는가?
맑고 애처로운
마음 한 구석
온통 아프게 울리는
슬픈 손짓 같은 그 소리

누가 그 소리를 부르는가?
아득하게 사라져가는
어둠을 마시며
그리움의 씨를 뿌리는
태초의 사연과 같은 그 소리

부르고 또 부르다 지친
코스모스 하늘거리는 들길을 따라
뜰 안 가득히 쏟아놓는
죽어가는 영혼 같은 그 소리

나는 이렇게 홀로 서서
그믐달이 빛을 잃고 사라질 때까지

행복한 날의 슬픈 아픔을
깊이깊이 어루만지며

그 소리를 듣는다.

내 아이

내 아이가 비를 맞으며
골목을 달린다

어둠은 파도처럼 밀려오고
한 가닥 앰블런스 불빛이
어둠을 헤쳐 가면

어느 종합병원 영안실이
차갑게 눈물로 식어간다

가로등은 대낮처럼
하늘을 가리고
현란한 광고탑이
자기 변명에만 급급하지만

아이는 하늘만 어루만지며
울고 섰다

메시아를 부르는

교회의 첨탑이
목이 마르게 타오르는
이 밤

부엉이는 잔잔하게
어둠을 마시며
깊이 잠에 취하지만

내 아이는
비를 맞으며
바보처럼 울고 있다.

거울

버려진 길
굴러가는 돌멩이 하나도
본래 그 곳에 있던 것이며
항상 찾아오는 누구에게도 친절했다

무심히 꺾는 나무 가지에서
환상적인 울음소리를 듣는다

인간은 자신에게 주어진 의미
그 이상을 욕되게 갖고자 한다

이제 예수님은 나이태를 돌아보며
까치소리를 그리워한다

왜 둥지를 버리고 떠났는지
누구도 그 의미를 생각하지 않는다

헐벗은 자신을 비단 천으로 가린들
어찌 자신의 모습을 찾을 수 있으랴?

나는 거울 앞에 서서
자신을 꾸미기에 많은 시간을
허비했나보다

거울 앞에 다가서기 두렵지만
나를 찾는 진정한 거울이기를 바라며

거울에 반사된 내 모습이
항상 처음 보는 나의 모습이기를
간절한 마음으로 바라본다.

별이 주고 간 의미

별이 떨어지는 것을 보고
의미 없는 감상에 젖어 본다

살아온 만큼도 줄 수 없는
마음의 가난이기에

차가운 입김만 덧없이 날리다가
빈손을 모아 공복을 채운다

알면서도 깨닫지 못한
깨진 조각들을 모아들고

언젠가, 그 언젠가
진실로 내 방을 찾는 날이 오면

아침 이슬처럼
그렇게 아름답게 젖어보고 싶었다

하나, 둘, 멀리 사라져 가고

우린 진정 고아인 것을 알면서도

그렇게 타오르는 오색 무지개로
피어나고 싶었다

별은 멀리 사라져간다

이제,
이 밤
나에게 주어진 모든 것들을
가난한 체온을 모아
감사하는 마음으로 안아주고 싶다.

소쩍새

소쩍새가 어둠을 안고
무거운 마음으로
솟적, 솟적
여름밤을 넘어 멀리 떠난다

언제나 소작 논, 논두렁이
넘실거릴 소망을 키우며
솥적다, 솥이 적다
농부의 시름을 위로했다

이젠
쌀이 남아 울고
풍년 들어 울고

솥 적기를 바라던
그 농부
아쉬움으로 한(恨)만 깊어간다

F.T.A 협정

비료값도 감당 못하고
인건비도 건지지 못하는
농부의 수심 속에
밤은 멀어만 간다

옛날 내 향수가
또 그렇게
솥적다 솥적다
밤을 재우면서
정겹게 울며 떠나간다.

아침을 여는 마음

모처럼 태양이 아침을 알리며
동편에서 서기가 어려온다

장마비가 한 달여 동안 오르내리며
힘 없는 사람만 울린다

내가 편하면
더 편하게 살고 싶고
남도 편하면 더불어
더 편하게 살고 싶다

그러나 우리 모두가 한결같이
편하게 살 수는 없나보다

가난하지만 행복을 느낄 때가
좋았고
불편하지만 만족을 느낄 때가
더 좋았나보다

자연의 복수
자연과 더불어 사는 길은 없는가?
더불어 살 수 있을 때 가장 행복하다

인간의 이기적인 욕심이
자연을 자극하고 있다
인간도 욕심을 버리면
자연이 된다

모처럼 밝아오는 아침 햇살에
새들의 부름소리가 요란하다.

창문을 닦으며

한 해가 저물어 간다
창문을 열고
묵은 때를 닦아낸다

바람이 스쳐가다 머문 곳
벌레소리 애절한 사연으로
젖어든 창문을 닦는다

환하게 비쳐오는 저녁놀
아름답게 내 마음을 비춰준다

그렇게 어두운 창을 통해
내 마음을 전했으니
얼마나 답답하고
얼마나 답답했겠는가?

나를 닫아두고
남을 탓하고,
원망했으니

얼마나 어두운 밤길 헤맸겠는가?

내 앞에
이렇게 밝은 달이 돋아올 줄 몰랐으니
이제
나의 창을 닦아내며
남의 마음 안아보고 싶다

창문이 밝아오면 밝아올수록
편하고 편안한 마음
내 마음 따뜻하게 어루만져 준다

내일은,
아침 해가
한결 반가울 것 같다.

기다려지는 마음

가을이 그렇게 다가온다
호숫가를 맴돌던
이름 모를 낙엽들

어느 날 붉게 물들더니
다하지 못한 이야기들을
수면에 내려놓고
갖가지 색깔로 풀어낸다

가지마다 푸르던 잎새들은
보내는 마음 아쉬움으로 가득하다

이 계절 허전한 마음
늘 그렇게 다가오지만

기다려지는 마음은
항상 빈 항아리처럼
또 그렇게 설레이나보다

가을은
기다려지는 마음으로 보내는
허전한 계절이기에
하늘은 항상 높고 푸른가보다

이 밤
풀벌레소리가
그립다.

별을 헤는 밤

아무 말도 하고 싶지 않은 밤
창문을 열고 하늘을 바라본다
맑은 밤하늘이
한 폭의 그림처럼 스쳐간다

여기저기
평소에 보지 못했던
그 착하고 착한 아이들이
다정하게 다가온다
행복했다

이렇게 밤이 깊어가기만을
간절한 마음이다

그 꿈이 깨질까
가슴이 뛴다

검은 구름이 스친다

내가 느낄 수 있는 행복이란
그렇게 한 순간 뿐이던가?

그래도 나는 그 구름이 거치기만을
기다리며 행복에 취해
창 밖을 바라본다

이 밤
이 순간만도
느끼지 못한 사람도 있다

행복은 마음이 정해주는
배필인가보다.

솔개

솔개가 높이 떠
먹이를 내려다 본다

봄볕이 따사로운 날
부화된 병아리가
어미 닭의 뒤를
종종 걸음으로
나서고 있다

솔개가 낮은 포복으로 다가온다
어미 닭이 당황하여 새끼들을
부른다

평화롭던 봄날
숨고, 처박고, 울부짖는 소리
아수라장이 된다

그 순진하고 착한 놈이
솔개의 날카로운 발톱에 할퀴어

엄마도 제대로 부르지 못하고
하늘 높이 떠난다

어미 닭이 애타게 부르며
날갯짓을 하지만
아무 소용도 없다

지금도 밤낮으로
숨고, 숨기고, 죽고 죽이는
자연의 법칙은 계속된다

인간들은 안타까운 마음으로
약자의 편을 들기도 한다

오늘날 인간에게도

강자가 약자를
악한 자가 선한 자를
약탈하고 짓밟는다

이것도 자연의 법칙인가?

내 아이는 지금
어디서 울고 있는가.

나는 무엇인가

안녕, 안녕
그것이 무엇이기에
질긴 끈을 놓지 못하고
행여나, 행여나 하며
쓸쓸하게 돌아서는

나는 무엇인가
나는 진정 무엇이었던가?

만물은 본래 근본은 같은데
이름만 달리 붙여진 것이라는데

들꽃처럼 살고 싶은 마음
나는 무엇인가?

나를 간절히 찾고 싶다.

고깃배

석양을 등지고 달리는 고깃배
어디로 가느냐고 묻는 말엔
피곤하다

바닷길 드넓은 물 위로
거침없이 달리는
그 모습이 그렇게 아름답다

얼마나 잡았느냐고 묻는 말엔
너무 피곤하다

그렇게 그림처럼
석양빛에 안긴 고깃배
그 자체가 아름답다

이제 연안부두에서 기다림으로
가득할 가족을 그리며
달려오는 그 마음이
참으로 아름답다

석양빛에 아른거리며
다가오는 고깃배
그리움을 가득 싣고
가족의 품으로 다가온다

한 폭의 그림처럼 아름답다.

저녁놀

그렇게
가는 것을 알면서도
차마,
잡지 못하고

아무런 준비도 없이
손을 흔들면

저물녘,
눈시울만 붉힌다

서녘 하늘
어쩌자고
자꾸
바라만 보면

가슴팍 어느 한쪽
스쳐가는 바람소리

내
이제라도
따뜻한 손을 펴
한줌 바람소리라도
잡아보고 싶다.

무덤가 할미꽃

얼마나 간절한 마음으로
그렇게 가냘프게 기다리는가!

얼마나 많은 죄업으로
그렇게 머리만 숙이고 서 있는가!

하늘바람 시원하게 어루만져도
어찌 한 마디 말도 없이
해바른 양지쪽 무덤가에 오롯이 피어

못다한 한을 나만의 슬픔으로 안고
세월의 흔적도 채 지우지 못한 채,

어이, 어이
어찌할 것인가, 어찌할 것인가!

외로운 무덤가 새들만 불러
그렇게 항상 아쉬움이 간절하지만

나도 모르게 살다 왔노라
거짓없이, 살다 왔노라

어이, 어이
어찌할 것인가, 어찌할 것인가!

종이배

무엇이 그렇게 그리워
몸부림치며 가는 건지?

둥, 둥 떠서
기우뚱, 기우뚱 넘어질 듯
그리움으로 흘러가다가

멈추고 싶어도
멈추지 못하고
걸림돌
스쳐가고 싶어도
스쳐가지 못하니

또 하루
찢기듯 몸부림치다가

세찬 바람에
닿을 곳도 모른 채
그렇게 마냥 흘러만 가는가

이승의 온갖 인연 끊고
모든 업 다 잊을 때까지

그렇게 흘러가야만 하는 건지?

어느 곳에 이르면
온갖 인연 다 끊었다고
한숨 풀고
편히 쉬며 말할 수 있을 것인가?

흑석산 수도원

해남 계곡
흑석산 수도원
십자가가 하늘 높이 간절함으로 서 있다

노파가 추위도 모르고
다리를 절며 다가온다

'예수를 믿으세요
그러면 구원을 받습니다'

하느님을 믿으며
하느님께
욕되게 살고 싶지 않은 진심

무거운 십자가를 힘겹게 매고
골고다의 돌계단을 오르는 모습
내 죄를 대신하여 가셨다

믿음의 목적이 구원을 받기 위함인가?

'성인 프란치스코'
'내가 어려울 때
나를 도와주기를 바라는 간절한 마음으로
남을 도와주라'

자신이 자신만을 위해
자신을 속인다
이제 자신의 죄를 누가 대신한단 말인가?

자신의 믿음을 자신도 모른 채
어떻게 믿는다고 믿겠는가?

믿음은 인간의 간절한 마음이다.

눈 내리는 밤

눈 내리는 밤
내 맘도
하얗게 내린다

아련하게
저 멀리서
저며오는 아픔
시리도록 그리워진다

눈 내리는 밤
한 주먹
한 주먹
모아쥔 그리움
남김 없이 나누어 주고 싶다

아품이
곱게
피어나는
그날의

따뜻한 입김

두 손
모아
하얗게 날려보고 싶다.

매미소리

그렇게 가다 돌아보면
어쩌란 말이냐!

언제 다시 찾아와
내 영혼 일깨워줄 것인가?

일 년에 단 한 번
그것도 창가에 찾아와

순간의 그리움만 남기고
하릴 없이 떠나니
나는 어쩌란 말이냐!

해질 무렵
다시 찾아올 줄 알고
기다리고 기다린 어리석음

나도 날개치며
너와 같이 떠날 수만 있다면

저 너른 들판 어느 곳에
내 시선 모두 묻어두고

네 노래소리를 들으며
내 영혼 조용히 잠들고 싶다.

삶의 의미

이제 고희(古稀)다
주변에 전화기를 들고
안부(安否)를 묻지 않아도 될 텐데

배를 갈라 위를 잘라내고
혈압이 높다 약을 먹고
또 이제 혈당이 높다 약을 먹어야 하니

무얼 정리할 것 있다 하는가?
더 연장하여 무얼 하겠다는 건가?

삶은 자신의 의지와 같지 않나 보다
죽고 싶다 죽는 것 아니고
살고 싶다 사는 것 아닌가 한다

이런 삶으로는
더 많은 덕을 짓고
어찌 보시해야 하는 건지
마음도 여유도 없는 것 같다

그래도 살아남아 있는 것은
더 많은 것을 베풀고
기다리란 뜻인가보다

주변에 감사하는 마음으로
두 손을 모아본다.

소담길

항암 주사실로 간다
대기실에서 호명될 때까지 기다린다
아직도 번호표를 받지 못하고
초조하다

구토증이 없는 것만도 다행이다
무엇을 어떻게 해야 할지
초조하고 답답하다

가끔 삶의 가치를 일깨워주는
간호사의 따뜻한 손길이 고마웠다

어떻게 해야 마음이
정리될 수 있을까?
나는 고희를 넘겼다고
자위한다

하루 오만여명이 이동하는
이 병원
질긴 끈에 묶여 울고 있는

많은 사람들
탈모된 머리를 감싸고 기다린다

항상 자신의 불행이 자기로 끝나기를 빌며
항암 주사실에서 나온다

지친 몸을 가누며
소망을 담아 준다는 공원으로
무겁게 발걸음을 옮긴다

얼마나 많은 사람들이
이 공원을 거닐며
자기와 싸웠겠는가!

이기고 남는 자만이
이 길의 소중함을 안다

눈물을 보일 때가 행복하다고 느끼며
아카시아 꽃잎 사이로 보이는
하늘 한 조각에 마음을 맡긴다.

망년의 한

아듀 아듀마음껏
손을 흔들며
그렇게 떠나고 싶다

그동안 많은 사랑으로
감싸주신 분들게
그동안 많은 도움으로
감싸주고 이끄러주신 분들게

김사하는 마음으로
웃으며 손을 흔들며
그렇게 가고 싶다

지금도 온몸이 비지땀으로
젖어든다

그들에게 다하지 못한 것을
아쉬워하지 말자
미련은 더 많은 짐만 지게 된다

아듀 아듀 아듀
그래도 새해 아침은 밝아온다

가고 싶어도 가지 못하고
오고 싶어도 오지 못하는 삶

사치스러운 내 마음이
원망스럽다.

—2016년 병마와 투쟁하며

가랑잎

가랑잎이 뒹굴며 어디론가 간다
알고 싶지만
아무도 말하는 사람이 없다

자연의 이치라고
그래도 자꾸만 마음이 쓰인다

바람이 몰아칠때마다
가랑잎은 더 세차게
몸부림치며 손짓하지만

알 길이 없다

발길만 무겁게 서성거려진다
바람만 더 세차게 불어온다
귀볼기만 세찬 바람에 시리다

아쉬운 마음은 버릴 수가 없다

그들은 모두 어디로 가고
어디에 있는가.

엄마가 없는 방

돌도 채 채우지 못한 아이가
잠에서 깨어나 두리번거리더니
울음을 터트린다

안아보고, 달래보고, 울음소리는 더 커지고
발버둥은 더 세차게 옆구리를 친다

이 방, 저 방 달래며 돌아다녀도
아가는 구석구석 샅샅이 돌아보지만
울음소리는 갈수록 더 애절해진다

갈 곳이 없어 다시 이 방, 저 방 돌아보지만
한 번 간 방은 두 번 가도
발버둥은 더 강하다

바닥에 내려달라고
고개를 내려치니
어쩔 수 없었다

엄마 방에 들러 이 짐, 저 짐
뒤지다가

엄마 옷가지를 들추어
이리 보고, 저리 보고
울고 보고, 뒤쳐보고
앉아 울고, 기어가며 우니

차라리
엄마, 엄마 소리내며
우는 모습 보고 싶었다.

모란

너는
나를 버리고 싶을 때
따뜻한 꽃으로
피었다

내가 너에게
다가가려 하면

너는 가냘픈 미소로
손을 저었다

내가 너를 갖고 싶어하면
너는 나에게
아무 말도 남기지 않고
떠나버렸다

사랑이란
주는 것이지
받는 것이 아닌가보다.

꽃이 피는 봄

저 꽃이 지면
나는 어쩌라고

한 번 왔다
가는 것을

나도 가면 누가
이렇게 애절하게
아쉬워할 것인가

돌아보면
모든 것이 다
그런 것을

알면서도
아쉬운 마음은

매번
나를 슬프게 한다.

세월의 바람

바람 바람 바람
언젠가 세월의 무게를
느끼지 못하고
행복하게 울었다

축복은 온 집안의 기쁨으로
나는 그것도 모르고
울고 있었다

바람은 바람처럼 가고
해질 무렵 타오르다
바람처럼 가는 것이
그것이 진리인 것을

나는 알면서도
느끼고 싶지 않아
항상 느끼고 싶었던 바람

떠오르는 달처럼

바람을 포근하게 안아보며
까치놀처럼
바람에 취하고 싶었다.

녹슨 철모

—6·25 68주년

누가 쓰고 달렸던가
녹슨 철모

그 험한 골짜기를
누구를 위해 달렸던가
무명용사

어두운 밤
촘촘한 별들만 헤아리며
어머니의 얼굴을 어루만지며

묵언으로 기도하다
그곳에서
쓰러졌던가

그
묵언의 씨

이제

이 산야를
온통 푸르름으로
수놓았구나

그 산야
이제
내 가슴에
무엇으로
자라고 있는가

부끄럽다

그들이 달리던 산야
이제

잡새들의 울음소리만
한으로
다가오는구나.

산하(山河)

산하,
푸른 산하

찢긴 가슴으로 어둠 속에 다가서는
푸른 산하

용도 변경
그린벨트 해제
러브호텔
뼈를 깎는 불도저

허리는 동강나고
팔다리는 토막난 채
어느 하수구 뒷편으로
쫓겨간 산하

꿈에도 그리운 산울림소리
풀벌레 소리만 토하며
그렇게 쓰러져 가는구나

나
이젠,
지번(地番)이 없어도
바람 따라 흐르는 파란 물소리 들으며
텅 빈 들녘을 달리고 싶다.

파도 · 2

멀리서 그리움으로 다가와
현실로 부딪고,
얼싸안고,
깨어지고,
또 흩어지고,
다시 모여 출렁인다

참으로 안타까운 때도
참으로 행복한 때도

아쉬움만 남기고
멀리 사라진다

밤이 깊어가는 밤에도
날이 밝아오는 낮에도

파도는 쉼 없이 출렁인다

가고 싶다고 갈 수도 없고

오고 싶다고 올 수도 없는

인간의 한계를 비웃듯
파도는 쉼 없이
출렁이며
물보라만 날린다.

보내는 마음

엊그제
보고 싶다는 말 한 마디
전화 속에 묻어 놓고
부음(訃音)으로 다가오니
天心도 人心을
헤아리지 못하는 건가?

숱한 세월
착하고 착하게
살아왔건만

남의 마음 속 허전하게
큰 구멍만 남겨놓고
자연으로 돌아갔다

태어나면 같은 길로
가는 것을 알면서도

잘 가라는 말도 못하고

슬픔으로 가슴을 깎아내리는 것은
내 욕심인가?

님은 나의 곁을 떠나가는데
나는 나의 곁을 떠나지 못한다

그 욕심이
나를 이렇게
노예로 살아가게 하는 것인가?

친구에게

친구야!
2007년 4월 21일 고졸 50주년
네 얼굴에 피어나는 밝은 미소를 보고파
이렇게 모교에 왔다

어디선가 부르는 소리 있어
찾아보지만 만날 수는 없구나

많은 친구들이 서로 손을 잡고
부르며 다가서는 그 자리
너를 찾을 수가 없구나

고희를 넘긴 친구들이
옛 터전으로 돌아왔지만
너를 찾을 수가 없구나

늘 너를 생각할 때마다
「운현궁의 봄」을 생각한다

처음 나온 책
훑어보다
어린 세자처럼
울던 그 모습

책방 한켠에 몰래 보다
접어두고 며칠에 다 읽었으니
서로는 그렇게 눈물이 많았나보다

친구야!
아버지의 깊은 병세
학교도 그만두고
손수 주사기와 몸부림치다
끝내 가셨고
가산 탕진으로 효는 바래고

생활고로 허덕이다
가난이 없는 저 세상으로
갔으니

어찌 잊지 못하는 나만 남아
이렇게 보고 싶구나
항상 나를 부르곤 하던 교정
네 목소리가 듣고 싶구나

친구야!
50주년 행사
힘차게 교가를 부른다
목이 터지도록 너를 부른다

편히 잠들고 있는 네가
나에게 무슨 말을 할가!

그렇게 간절한 마음으로
너를 생각하며
목이 터지도록 불러본다.

여름 산

여름 산은 파란색을 좋아하나보다

숨소리도 파랗고
주고받는 말소리도 그렇게 파랗다
여름 산은 친구도 파란 친구가 좋은가보다
푸른 산 위에 파란 하늘을 그리며
밤낮 파란 꿈만 꾸며 사나보다

여름 산은 파란 꿈을 안고
내 눈도 파랗게 색칠한다
여름 산 푸른 산처럼
나도 파랗게 자라고 싶다.

여행을 떠나고 싶다던 날

임자도에 가서 전복으로
점심하고
보길도 부용당에 앉아
윤선도와 오우가를 부르자던
약속

완도 수산시장에 가서
펄떡펄떡 뛰는 회 몇 점 먹고

뱃길로 청산도 돌담길 따라
서편재 감상하고

범바위 올라
팔순에 '이제 모든 것 내려놓고
편히 살자' 약속하자던 꿈

이것마저도 우리에겐 과욕이었단
말인가?

그렇게 만나서 여행 한 번
떠나고 싶다더니

출발하자던 날 발인날 되었으니
우리의 여행은 이것이 끝이 되었네

잘 가게, 잘 가게
즐거운 여행, 잘 가게

—2016년 4월 사랑하는 친구 박보무를 보내며

기모노(きもの)

기모노(きもの),
일본 무단 정치의 산물
일본 여인들의 전통적인
의상

사랑하지도 않는 남자라도
어느 때라도
어느 곳에서라도
사용했다니

개가 하늘을 보고
웃을 일이다

꽃다운 조선인 계집아이가
하루 이 삼십명의 일본 군조에게
성노예가 되었으니

토인비*는 말한다
'역사로부터 교훈을

얻지 못하는 민족에게는
미래는 결코 오지 않는다'

일본은 고노 담화를
부정한다.

* 토인비: 아놀드 조셉 토인비, 영국 역사가, 문명비평가.

아베 노브유키

아베 노브유키
왜? 어째서?
이념이냐? 정치냐?
무엇이 무엇 때문에

남의 입맛에 맞는
춤을 추어야 하는가?

그들은 패전국인데
잘 먹고 잘 사는데

우리는 무엇 때문에
전리품이 되어
끼리끼리
정치는 정치대로
이념은 이념대로
누구를 위한 칼춤만 추고 있는가?

"일본은 졌지만 조선이 승리한 건 아니다

장담하건데, 조선인들은
서로 이간질하고, 분열하며
노예적 삶을 살 것이다
현재의 조선은
일본 식민교육의 노예로 전락했다
그래서
나 아베 노브유키는
다시 돌아올 것이다"*

그래도 우리는, 나만을 위한
칼춤에 취해있어야 할 것인가?

* 몽양 조만식 선생이 아베 노브유키가 퇴각하면서 남긴 말을 탄식하면서 남긴 말씀.

남산 한옥 마을

남산 한옥마을
공주 갑부 김갑순*

'민나노 도로보야스' **
'나만 도둑놈이란 말이냐!'

'감히 누가 누구를'

허탈한 마음으로
가슴이 터진다

그는 지금도
거침 없이
'민나노 도로보야스' 라고
외친다

바람이 차갑게 스친다

방향을 잃고

하늘만 바라본다
어지럽다

아무도 보아지 않는다
나는 누구냐고 외치고 싶다
청빈한 선비정신이 그립다.

* 김갑순: 친일파, 한말 일제 고위관료관권으로 수탈 갑부가 됨.

** 민나노 도로보야스: 일어 모두 다 도둑놈이란 뜻.

조국 분단의 원죄

아베 신조, 힘 있는 조국 건설,
후진 타오, 동북 공정
조국 분단의 원죄들이
목을 조인다 숨이 막힌다

무엇이 진실한 우리 역사인가?
무엇이 애국하는 길인가?
또 누가 명성황후의 뒤를 이어야 하는가?
가슴이 뛴다

과거의 역사는 수레바퀴처럼 돈다
그 역사 앞에 무릎을 꿇고
운명의 눈물로 밤을 지새야 하는 것인가?

우리에겐 역사는 있지만
과거는 없다

광복의 그날은 있지만
치욕의 그날은 모른다

기미노와 고고구 신민(皇國臣民)의 맹세
일본 천황의 신전을 우러러 모시던 어린 시절

명성황후의 시체에 불꽃이 사라지기도 전에
또 누가 제물(祭物)로 바쳐져야 하는가?

우리의 역사는 어디로 가고 있는가?
과거가 없는 우리 역사가 통탄스럽다

이제는 립본도(日本刀)의 현란한 착각을 베어내고
고구려의 실지 회복을 위한
지혜의 광륜(光輪)*을 길러야 한다.

* 광륜 부처님의 가르침으로 자신을 다스리고 이웃을 다스리는 힘을 갖춘다.

신호등(信號燈)

차가 멈춘다
신호 대기중이다

차 앞으로 무단횡단 한다
횡단보도는 코 앞에 있다

붉은 불을 보지 않기 위해
차 앞으로 횡단한다

양심은 적색 신호를 싫어하나보다

위험 경적이 울린다
나이가 교복을 내려다본다
배움은 실천이다

법은 도덕이며 지키기 위해 있다
지키는 것은 미덕이다

그러나,

지금은 그것이 낡은 생각인가보다

갈대밭 속에서 아이의 울음소리가 들린다.

묘비명(墓碑銘)

〈보긴 뭘 봐〉
누구의 묘비명인가?

가던 길 멈춘다

그래,
얼마나 살고 간다고

거기 그렇게 서서

남의 일처럼
구경하고, 이야기하더니
이제 남의 일이 아니던가!

무엇을 꾸짖는 것인가?

삶에 대한 회의적 역설이던가?
삶에 대한 부질없는 애착이던가?

이제라도
모든 것을 내려놓고
자신으로 돌아와
기도하는 마음으로 살아가란 말인가?

오고 가는 것은 자연이며
자연은 아름다운 진리다

별을 헤는 마음으로 기도하며
항상 감사하는 마음으로 살아야겠다

〈보긴 뭘 봐〉

부끄러운 마음으로
내일의 창을 연다.

인고(忍苦)

제주 분재원을 들어서니
白壽를 푸르게 자란 노송이

'분재(盆栽)는 만들어진 예술품이 아니라
개성이 존중된 달관된 사랑의 예술품' 임을
깨닫게 했다

가지가 잘리고 뿌리가 끊긴 채
삶에 대한 저항으로
새로 뿌리를 내리고,
가지는 더욱 왕성하게 뻗어갔다

삶은,
자신의 긍정에서 오는 의지가
아름다움으로 승화될 때
미를 창조하나보다

분재는 자기 길을 향해
끊임없이 절제의 아픔을

참고 기다린다

사랑이 메마른 인간에게는
속박과 잔인함밖에 보이지 않겠지만

부모의 피맺힌 눈물이
사랑의 매로 후려칠 때
얼어붙은 개울가 물소리가 들려오듯이,

메마른 가지에 새 움을 트기 위해
밤마다 뜨거운 눈물로
자신을 버리고,
새로운 삶의 기쁨으로 태어난다

분재는 숭고한 사랑과 의지의 표상.

제주 산호(珊瑚) 해안

산호는 인간 세상의 비정(非情)을 알았나보다

그 아름다움을 가루가 되도록 사랑하여
인간 세상에 보내니,

철없는 아이들은
모래성을 쌓고,
알몸으로 산호찜을 즐긴다

한 알, 한 알, 한줌 모아 봐도
산호의 영혼은 없다

다만, 산호가
슬프도록 사랑을 그리며
부서진 영혼의 조각들만이
백사장을 이루고 있다

파랗다 못해 눈부신
바다 밑

그대로 한 폭의 얼어붙은 잉크로 펼쳐지다가
한 장의 사진 속에서
잡힐 듯, 끝내 사라져버린다

사랑이란,
그렇게 겉으로만 보이는 것이 아니라
내면의 깊은 세계인가 보다.

정상(頂上)에 오르며

산 정상에 오르며
부르고 싶은 이름들이
보람처럼 다가온다

어쩌다가,
발부리에 굴러가는 돌을 주워
돌탑에 이름을 쌓고
바람 따라 멀리 그리움을 보낸다

산을 넘고 넘어
더 높은 곳을 향해
하늘을 향한 소망처럼
다가오는 그 이름들

힘겹게 기어오르다가
그들을 향해
기도하는 마음으로
본향을 향한 마음으로

하나하나 불러본다

더없이 행복했다.

벽소령*의 한(恨)

남부군의 최종 격전지
지리산 천 오백 고지

사랑을 훔쳐간 영혼들의 숨소리가
벽소령의 명월(明月)로 비친다

눈빛은 같건만
이념이 달라
포성이 하늘을 가르고
소나기처럼 퍼붓던
쇠붙이 살인

그 곱고도 아름다운
무지개 같은 능선을
모로 눕게 했던가?

세월의 흑백이
이제 새롭게 단장하였구나!

새벽 4시,
무수한 별들이 반짝이고
패자의 영혼이 숨을 죽인 채
남부군 대장의 죽음이
평화롭게 불타고 있구나!

이제 이념의 벽은 사라지고
어린 소녀의 밝은 미소가
내 뺨을 스쳐가는
자연으로 돌아온 이곳 벽소령

지는 달이 아쉬워
별들만 아름답게 반짝인다.

* 벽소령: 지리산 삼각봉과 덕평봉 사이의 대피소. 남부군의 최종 격전지 지리산 10경 중 '명월(明月)'로 유명함.

팔영산(八影山)* 정상에서

누가 그 소리를 부르는가?

맑고 애처로운
온통 아프게 밀려오는
슬픔 같은 그 소리를,

누가 그 소리를 듣는가?

아득하게 사라지는 노을 밭에
그리움의 씨를 뿌리는
태초의 사연 같은 그 소리를,

누가 그 소리를 마시는가?

부르다가, 그리움으로 파랗게 물든
가슴 가득히 쌓여오는
숨소리 몰아오는 영혼 같은 그 소리를,

나는 이렇게

홀로 팔영산 정상에 서서

바다를 가르며 하늘 끝에서 불어오는
어머니 입김 같은 봄의 소리를

푸르게 푸르게 외치며,
설레는 마음으로 듣는다.

* 팔영산(八影山): 전라남도 고흥군에 있는 바다와 인접한 8봉의 산.

세석산장(細石山莊)*

산청군 거림, 지리산 매표소
천 오백 높이의 세석산장으로
가파르게 달린다

오월은 철쭉의 계절
여기 저기 지는 듯, 피어나는
철쭉의 수줍은 미소가 가끔 눈에 띄었다

산행은
하늘 끝이 보일 때까지
능선을 따라 때론 골짜기를 따라
굽이쳐 물 흐르듯 걸어야 한다

하늘 한 자락이 누워있는 능선을 따라
산에 안긴 우뚝 솟은 바위틈 사이로
물이 솟구치고 있었다
한겨울 정화수보다 더 차가웠다

해발 천 오백미터
이 산에 물길이 솟으니

인간의 어리석음이 뜬구름처럼 스쳤다
음양수라, 남녀가 마시면 뜻을 이룬다니

산장에 이르니
평화로운 능선이 하늘을 가린 채
선녀들의 열 두 폭 연분홍 치마폭 사이로
하얀 속치마가 바람결에 설레고 있었다
바람 타고 가고 싶었다

천지가 온통 분홍빛이요
점점이 하얗다

땀에 젖은 등산복이 금방이라도
물들 것만 같았다

바위틈에 앉으니
새색시 연분홍 치마폭에 안긴 것처럼
행복했다.

* 세석산장(細石山莊): 지리산 영신봉과 촛대봉 사이에 있는 대피소 지리산 10경 중 철쭉으로 유명함.

남망산(南望山)*의 한(恨)

진도 땅 남쪽 끝
접도를 찾아 남망산에 오르며
귀양살이 한이 맺힌
영혼들의 공원을 찾았다

직간(直諫)으로 끝내 화를 입고
귀양 온 간신(諫臣)들이 많건만

상궁(尙宮)은 또 무슨 말로 죄를 짓고
이 산에 올라 울부짖는 말로
남해 바다를 바라보았던가?

말이 새어 말이 많은 오늘날
말답지 않은 말도 귀양가지 않는데

어찌하여 이 곳에 그 많은 사람들의 한이
맺히고 맺혀 너러바위가 되었는가?

끝없이 펼쳐진 하얀 바다를 향해

목이 터지도록 불러보지만

파도만 그들의 진실처럼
예나 다름없이 하얗게 밀려온다

남망산, 남망산
푸른 파도만 흩어지며
말이 없다.

* 남망산: 전남 진도 남단에 있는 접도라는 섬에 있는 산. 귀양 온 분들의 영 혼을 달래기 위해 공원이 조성되어 있다.

삼봉산 가는 길

오도재(悟道嶺) 가파른 산길
차는 숨 가쁘게 달려간다

도로라기보다는 하늘 길
머리를 쳐들고 돌아돌아 오른다

문득 가로막아서는 석벽
수문장처럼 차를 세운다

'智異山 第一門' 오도재
눈앞을 가리고 발길을 멈추게 한다

성황당 고사목은 헐벗은 채
우뚝 솟아 있고
당골래 제단 촛불이 금방이라도
천년의 해묵은 이야기를
내려놓는 것 같았다

선인들의 詩碑가

무심했던 나를
잠시라도 뒤돌아보게 한다

삼봉산으로 가는 길
오도재

옛 여인들의 정성이
지리산 천왕봉을 바라보며
얼마나 손이 닳도록 간절했던가!

이제
누가 있어
이 소복단장한 여인의 마음을
간직할 수 있을 것인가?

삼신봉

지리산 서당골
청학동
골짜기 따라
삼신봉에 오른다

여기저기 지류 따라
낮은 소리로 흐르는 물소리
가깝게 들리는 듯
멀리서 폭포가 쏟아진다

차이코프스키 서곡처럼
차마 걷지도 못하고 주저 않는다

하늘 높은 스키나무 아름드리
곧바로 서서
아름다운 자태로
가는 길마다 길을 안내하고
청단풍 사이사이로 바람이 나부끼며
우리를 맞는다

정상 제단(祭壇)
옛 여인은 어찌 그리 한도 많았던가
하늘하늘 나부끼는 촛불 따라
삼신할미 부르는 손끝이
부드럽게 하늘로 우러르는 것 같았다

빌고 빌어 마음을 비우던
삼신 제단

정상에서
노고단도 천왕봉도
안개 속 멀리 가린 채
1284 높이 표지돌만
우뚝 솟아, 나를 안는다.

대야산

충북 괴산 화양계곡
중대봉을 향해
산행길에 올랐다

천길 바위를 외줄을 타고 오르기란
너무 힘들었다

몇 개의 바위 고개를 힘겹게 넘어
칠백 높이에 몸을 담았다

먼 옛날 하늘가를 맴돌던
뭉게구름이 내려와 앉아
하얀 이마를 내밀며 손짓하는 것 같았다

온통 바위요,
하얀 치마폭을 두르고 앉아 있는
여인의 머리는 백수였다

내가 가는 곳도 가야하는 곳도

이렇게
하얗게 비워야 하나보다

마음을 비우며 달려간 곳이
대야산

하얀 머리를 포개 안고
서 있는 그 모습
티 없이 맑아 아름다웠다

나도
중생을 구도하는 도승처럼
눈을 감고 앉아 본다.

왕시루봉*

겨울답지 않게 화창하다
벌써 철쭉이 북풍에도
봄기운을 느끼나보다
귀볼기가 제법 부풀려 있다

지리산은 언제 와도 포근하다
왕시루봉 해발 천 이백 사십 삼미터
외딴 작은 집처럼 피아골을 끼고
천왕봉을 그리며 서 있다

가는 길은 눈길에 미끄러진다
예상도 못했던 일이다
국립공원 표시돌을 보자
눈은 무릎까지 와 닿는다

녹아 내린 눈이 미끄럽다
길가 눈을 밟고 걷고 싶었지만
때묻은 신발로
차마 그 눈을 밟지 못했다

갈수록 비탈길은 미끄럽다
몸을 가누기가 힘겨웠다
속세란,
이렇게 살얼음을 걷듯
걸어야 하나보다

내일은 또 눈이 온다는 예보다
얼마나 많은 눈이 덮일까
인간의 발자국을 덮은 눈 위에
이름 모를 산짐승들이
아름다운 그림을 그리며
뛰어 놀겠구나.

* 왕시루봉: 전남 구례군 토지면에 있는 1243m 높이의 산.

개나리꽃 · 1

파란 하늘 높다란 돌담길 따라
오월의 개나리꽃 피어나네요
바람은 하늘하늘 노랗게 물결치고
물결 따라 노란 꿈, 꿈을 꾸네요
오월은 어린이들, 꿈 아름 안고
하늘 높이 소리치며 달려오네요
티없이 맑은 하늘 빛을 닮아
노란 꿈 하늘하늘 익어가네요.

개나리꽃 · 2

시골집 돌담길에 개나리
활짝 피었네요
노란 꽃 꽃잎마다
노을 빛이 아름답네요

꿈에 찬 오월의 꽃
개나리꽃을 아름 안고
엄마 방 꽃병 안에
봄의 꿈을 심어주니
엄마 마음 환하게
봄의 꽃이 피어나네요.

친구

친구들아 모두 모여 손에 손잡고
즐겁게 노래 부르자
하늘을 바라보며 노래 부르면
솜털 구름 하얀 마음
둥실둥실 떠가고
바다를 바라보며 노래 부르면
하얀 파도 그리움이
끝없이 다가오니
너는 내 마음속 꽃이 되고
나는 네 마음속 꽃이 되니
행복한 마음 즐겁게 노래 부르자
행복한 마음 즐겁게 노래 부르자

친구들아 모두 모여 손에 손잡고
즐겁게 즐겁게 노래 부르자
하늘에는 소리…, 소리…, 야하오
푸른 꿈이 다가오고
바다에는 소리…, 소리…, 아~ 하하
파도소리 다가오니

너는 내 마음속 파도 되고
나는 네 마음속 파도 되니
아픈 마음 서로 안고 노래 부르자
기쁜 마음 서로 안고 노래 부르자.

성하흠 유고시집_ 멀고도 먼 고향

초판 인쇄 | 2023년 5월 10일
초판 발행 | 2023년 5월 18일

지 은 이 | 성하흠
발 행 인 | 김호운
주　　간 | 김민정

펴낸곳 | 사단법인 한국문인협회 月刊文學 출판부
주소 | 서울시 양천구 목동서로 225 대한민국예술인센터 1017호
전화 | 02-744-8046~7
팩스 | 02-743-5174
이메일 | klwa95@hanmail.net
등록 | 2011년 3월 11일 제2011-000081호
ISBN 978-89-6138-505-3 03810

값 15,000원